Max et Lili
fêtent Noël en famille

D1423427

Série dirigée par Dominique de Saint Mars

© Calligram 2007
Tous droits réservés pour tous pays
Imprimé en Italie
ISBN : 978-2-88480-374-8

Ainsi va la vie

Max et Lili
fêtent Noël en famille

Dominique de Saint Mars

Serge Bloch

CALLIGRAM
CHRISTIAN GALLIMARD

C'EST BIENTÔT LES VACANCES DE NOËL...

Ma parole, il croit encore au Père Noël, ce bébé... !

Hein qu'il existe, le Père Noël, Papa !

En tout cas, moi, j'y crois !

T'as entendu, Maman ? Ils croient encore au Père Noël !

Vous avez vu la météo ? On va avoir de la neige !

8

9

* Retrouve Victor dans *Le cousin de Max et Lili se drogue.*

11

Ils pourraient pas faire une trêve pour Noël ?

Qui, Pluche et Pompon ?

GRR

PFFF

Mais non ! Tonton Luc et Popy !

Madame est servie !

Ah!

LE SOIR...

JE DORS !

Lili, c'est vrai que tu ne crois pas au Père Noël ?

13

Noël, c'est l'anniversaire de Jésus ! Il y a deux mille ans, il a passé sa vie à dire aux gens qu'il fallait s'aimer ! C'est la fête des chrétiens !

Mon grand-père dit que Noël, c'est devenu une fête commerciale pour acheter des cadeaux et s'empiffrer...

Chez les Juifs, on a la Fête des lumières, Hanouka. On a un cadeau par jour, pendant huit jours !

Chez nous, c'est l'Aïd après le ramadan*... On a des habits neufs, de l'argent, des gâteaux !

* Le ramadan, c'est le mois pendant lequel les musulmans ne doivent rien manger entre le lever et le coucher du soleil.

15

16

Nous, on est bouddhistes, mais à Noël, on se fait des cadeaux !

Toutes les religions enseignent le partage, la tolérance et l'amour... Hélas, ça n'a pas empêché les guerres de religion !

Mon père est athée, il ne croit pas en Dieu ! Mais, à Noël, on fait quand même la fête !

C'est une occasion de se retrouver en famille, d'inviter ceux qui sont seuls...

Ou de se réconcilier...

DANS LA CLASSE DE MAX...

À la même période que Noël, les Romains dans l'Antiquité fêtaient déjà la lumière, le soleil, les jours qui rallongeaient*... On donnait déjà des cadeaux aux enfants !

Qui ? Le Père Noël ?

Tu crois encore aux bonshommes en rouge avec des barbes qui s'attachent !?

* Le solstice d'hiver est le jour le plus court de l'année. Le solstice d'été est le jour le plus long de l'année.

19

21

Elles sont géniales tes frites, mon papounet ! Pas de nouvelles de Tonton Luc ?

Pas encore...

C'est bon signe !

Vous me piquez mon job !

Vous ne voulez pas jouer un peu ?

Ah non ! Après, on fait votre chambre !

Si c'est pas malheureux d'exploiter les enfants comme ça...

23

Pourquoi ils se détestent, Tonton Luc et Popy ?

Luc en veut à Popy... Une histoire d'argent, de jalousie, de susceptibilité... C'est trop bête !

Tu peux pas les obliger à faire la paix, Papa ?

J'ai essayé... T'as vu le résultat ?

APRÈS LE DÎNER...

Bouge pas, Maman ! Je débarrasse !

Laisse, t'es trop petit, je vais le faire !

Arrête de me copier !

C'est toi qui me copies !

En tout cas, nous, on veut Victor pour Noël ! Tu ne peux pas obliger Tonton Luc à venir ?

C'est quand même ton fils !

On a déjà tout essayé...

Tu es sûr qu'on a tout fait, chéri...?

Cher Luc,
Nous n'avons peut-être pas été de bons parents...

... nous te demandons pardon...

28

Moi aussi, j'aimerais passer Noël en famille... Mon père ne me laissera jamais venir...

Il n'y a rien à faire pour réconcilier ton père et Popy ?

Faudrait un miracle ! Cette brouille me tue ! Maman n'en peut plus non plus. J'en ai marre de voir Popy en cachette...

À demain !

Avec l'adresse du Père Noël !

30

Quoi ?! Vous renoncez au robot et à la console ?!

Vous n'allez pas le regretter ?

On a mûrement réfléchi...

C'était mon idée !

On veut passer Noël avec toi !

OK, je trouve l'adresse sur Internet ! Et je poste la lettre !

32

35

On ne m'aide plus ? ? ?

Ma grand-mère mettait toujours une assiette en plus au cas où quelqu'un frapperait à la porte...

C'est une très belle coutume. On va faire pareil.

CHEZ TONTON LUC...

On préfère te commander de réconcilier Luc et Popy... Nous te demandons pardon...

40

Et toi...

Est-ce qu'il t'est arrivé la même histoire qu'à Max et Lili ?

Aimes-tu Noël et son ambiance de fête ? Ta famille
est chrétienne ? Vous parlez ensemble de religion ?

Même si elle n'est pas de religion chrétienne, ta famille fait
quand même une fête, pour se réunir et pour les cadeaux ?

Fais-tu une lettre au Père Noël ? Crois-tu qu'il existe ?
Aimes-tu l'attente de Noël et la préparation ?

Aimes-tu quand la famille est réunie ? Quand personne ne reste seul ? Parles-tu de ceux qui ne sont plus là ?

As-tu été déçu par tes cadeaux ? As-tu de bons souvenirs des fêtes de Noël ? Y a-t-il eu des problèmes ?

Si quelqu'un de la famille n'a pas pu venir, lui téléphones-tu, envoies-tu une lettre ou un petit cadeau ?

43

Tu ne fêtes pas Noël car tu es d'une autre religion ?
Oses-tu le dire ? As-tu d'autres fêtes avec des cadeaux ?

Tu es seulement avec tes parents car tu n'as pas une
grande famille ? C'est gai ou c'est un peu triste ?

Tu n'as pas de famille ? Tu ne la vois pas ? Elle habite loin ?
Vis-tu dans un centre ? Vas-tu en camp de vacances ?

Tes parents sont séparés ? Tu ne vois pas l'un des deux ?
Tu t'inquiètes pour lui ce jour-là ? Tu as deux Noëls ?

Il y a des disputes dans ta famille ? Tu les comprends ?
Ça te prive de tes oncles, tantes, cousins, grands-parents ?

moi j'aime Noël

Un de tes parents trouve que Noël est trop commercial, ou
ça lui rappelle de mauvais souvenirs d'enfance, ça l'ennuie ?

**Après avoir réfléchi
à ces questions
sur la fête de Noël,
tu peux en parler
avec tes parents ou tes amis.**

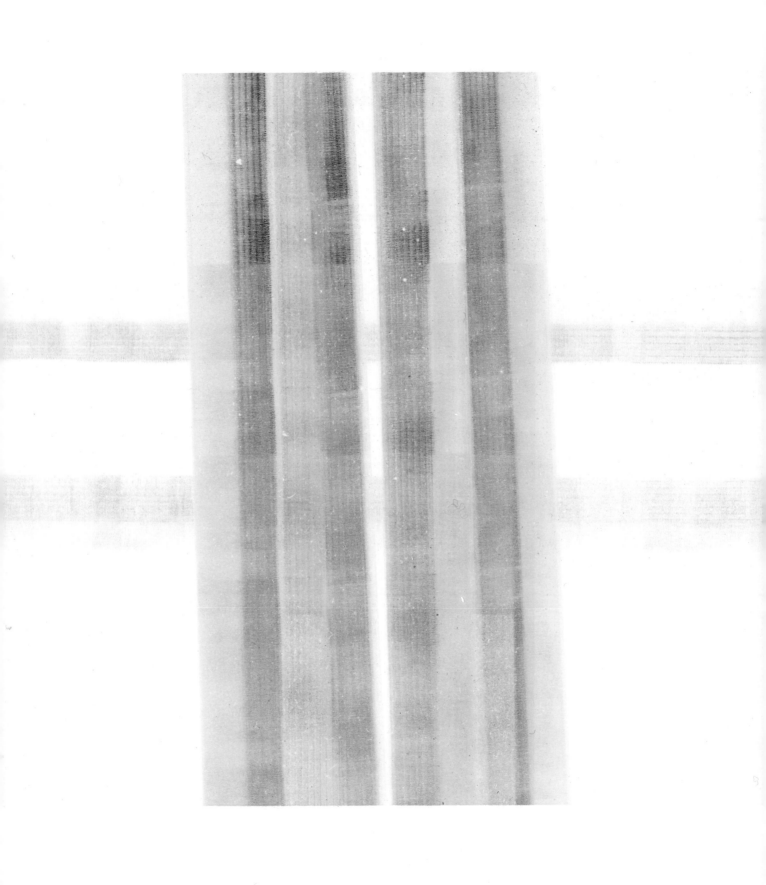